BEI GRIN MACHT SICH IHR WISSEN BEZAHLT

- Wir veröffentlichen Ihre Hausarbeit, Bachelor- und Masterarbeit

- Ihr eigenes eBook und Buch - weltweit in allen wichtigen Shops

- Verdienen Sie an jedem Verkauf

Jetzt bei www.GRIN.com hochladen und kostenlos publizieren

Trainingsplanung für das Beweglichkeitstraining und Koordinationstraining

Richard Heindl

Bibliografische Information der Deutschen Nationalbibliothek:

Die Deutsche Nationalbibliothek verzeichnet diese Publikation in der Deutschen Nationalbibliografie; detaillierte bibliografische Daten sind im Internet über http://dnb.d-nb.de abrufbar.

ISBN: 9783346570901
Dieses Buch ist auch als E-Book erhältlich.

© GRIN Publishing GmbH
Nymphenburger Straße 86
80636 München

Alle Rechte vorbehalten

Druck und Bindung: Books on Demand GmbH, Norderstedt Germany
Gedruckt auf säurefreiem Papier aus verantwortungsvollen Quellen

Das vorliegende Werk wurde sorgfältig erarbeitet. Dennoch übernehmen Autoren und Verlag für die Richtigkeit von Angaben, Hinweisen, Links und Ratschlägen sowie eventuelle Druckfehler keine Haftung.

Das Buch bei GRIN: https://www.grin.com/document/1162280

Deutsche Hochschule für
Prävention und Gesundheitsmanagement

Einsendeaufgabe

Fachmodul:	Trainingslehre III
Studiengang:	B. A. Gesundheitsmanagement
Datum Präsenzphase:	16.09.2019 – 18.09.2019
Name, Vorname:	Heindl, Richard
Studienort:	**München**
Semester:	**WS 2017**

Inhaltsverzeichnis

1 PERSONENDATEN 3

1.1 Darstellung der Personendaten 3

1.2 Bewertung der Belastbarkeit bzw. Trainierbarkeit der Person 3

2 BEWEGLICHKEITSTESTUNG 4

2.1 Beschreibung und Durchführung des Beweglichkeitstestes 4

2.2 Beurteilung der Testergebnisse 7

3 TRAININGSPLANUNG BEWEGLICHKEITSTRAINING 8

3.1 Darstellung der Übungen und der Belastungsparameter 8

3.2 Begründung der Übungen und der Belastungsparameter 10

4 TRAININGSPLANUNG KOORDINATIONSTRAINING 12

4.1 Darstellung der Übungen und der Belastungsparameter 12

4.2 Begründung der Übungen und der Belastungsparameter 14

5 LITERATURRECHERCHE – EFFEKTE DES DEHNENS AUF DIE BEWEGUNGSREICHWEITE BZW. AUF DIE DEHNUNGSSPANNUNG 15

6 LITERATURVERZEICHNIS 17

7 TABELLENVERZEICHNIS 18

1 Personendaten

1.1 Darstellung der Personendaten

Tab. 1: Darstellung der Personendaten (eigene Darstellung)

Alter	30
Geschlecht	Weiblich
Körpergröße	164 cm
Körpergewicht	60 kg
Trainingsmotive	Verbesserung der Beweglichkeit; Verbesserung der Stabilität und Koordination im Sprunggelenk
Berufliche Tätigkeit	Wirtschaftsprüferin
Frühere sportliche Aktivitäten	Leichtathletik im Verein von 2000-2003
Aktuelle sportliche Aktivitäten	Kampfsport (Kung Fu), seit 2015 Leistungsstufe: Amateur Trainingsumfang: 2-mal pro Woche
Zeitlicher Verfügungsrahmen	2-mal pro Woche, ca. 60 Minuten

Tab. 2: allgemeiner Gesundheitszustand (eigene Darstellung)

Orthopädische Probleme	Außenbandruptur am rechten Sprunggelenk 2016, seitdem Instabilität; sporadisch auftretende HWS- und LWS-Verspannungen;
Internistische Probleme	Keine
Medikamente	Keine
Ärztliche Behandlung	Keine

1.2 Bewertung der Belastbarkeit bzw. Trainierbarkeit der Person

Generell ist die Klientin nahezu schmerzfrei und ohne relevante Einschränkungen, sodass ein Training in vollem Umfang möglich ist.
Die Kundin gibt eine Instabilität des rechten Sprunggelenks nach einer Außenbandruptur in Folge eines Unfalls mit Supinationstrauma im Jahr 2016 an, die jedoch keine Schmerzen verursacht. Diese sei im Alltag vor allem durch ein leicht abnormes Gangbild bemerkbar und schränkt sie besonders in der Ausübung des Kung Fu stark ein,

da hier die Beweglichkeit im Sprunggelenk sowie die Balancefähigkeit von großer Bedeutung sind.

Durch die Ruhigstellung im Rahmen der damaligen Behandlung hat sich im rechten Bein ein spürbares Beweglichkeitsdefizit entwickelt.

In Anbetracht der Tatsache, dass für das Kung Fu eine überdurchschnittliche Beweglichkeit der unteren Extremitäten erforderlich ist, wäre eine Verbesserung in diesem Bereich wünschenswert.

Die sporadischen Verspannungen in der Hals- und Lendenwirbelsäule führt die Kundin auf eine schlechte Haltung in der Arbeit zurück. Aktuelle Orthopädische Befunde liegen keine vor. In der Vergangenheit gab es in diesen Bereichen keine Verletzungen.

2 Beweglichkeitstestung

2.1 Beschreibung und Durchführung des Beweglichkeitstestes

Zur Ermittlung der Beweglichkeit wird der Muskelfunktionstest nach Janda (2000) in vereinfachter Version verwendet.

Tab. 3: Beweglichkeitstestung nach Janda (2000, eigene Darstellung)

Testübung	Testdurchführung (nach Janda, 2000)	Testauswertung (nach Janda, 2000)	Testergebnis
M. pectoralis major	Die Probandin liegt in Rückenlage auf der Behandlungsliege, die Beine sind angewinkelt. Die Füße sind auf der Auflagefläche. Der Thorax wird vom Tester durch leichten Zug mit der Hand in diagonaler Richtung von der zu testenden Seite weg fixiert. Der zu prüfende Arm ist im Schultergelenk abduziert und außenrotiert sowie im Ellenbogengelenk in einem 90°-Winkel gebeugt. Als Messbereich gilt die Position des Oberarmes zur	Stufe 0: Keine Beweglichkeitsdefizite; Der Oberarm erreicht die Horizontale; durch leichten Druck des Testers kann der Oberarm unter die Horizontale bewegt werden. Stufe 1: Leichte Beweglichkeitsdefizite, der Oberarm erreicht die Horizontale nicht; durch geringen Druck des Testers kann der Oberarm in die Horizontale bewegt werden.	Rechts: 0 Links: 1

Testübung	Testdurchführung (nach Janda, 2000)	Testauswertung (nach Janda, 2000)	Testergebnis
	Horizontalen (nach Janda, 2000, S. 270).	Stufe 2: Deutliche Beweglichkeitsdefizite; der Oberarm erreicht die Horizontale auch durch Druck des Testers nicht (nach Janda, 2000, S. 271).	
M. iliopsoas	Die Probandin liegt in Rückenlage auf der Behandlungsliege. Das Gesäß befindet sich am Rand der Liege. Die Beine sind im Überhang. Ein Bein wird angewinkelt so weit wie möglich zum Körper herangezogen, wobei der Tester unterstützen kann. Das andere Bein ist im Überhang. Beobachtet wird die Hüftflexion des freien Beines. Als Messbereich gilt der Hüftbeugewinkel. (nach Janda, 2000, S. 258).	Stufe 0: Keine Beweglichkeitsdefizite; Oberschenkel erreicht Horizontale; durch leichten Druck des Testers kann Oberschenke unter Horizontale bewegt werden. Stufe 1: Leichte Beweglichkeitsdefizite; leichte Hüftbeugestellung; durch leichten Druck des Testers kann der Oberschenkel bis zur Horizontale bewegt werden. Stufe 2: Deutliche Beweglichkeitsdefizite; Oberschenkel erreicht die Horizontale auch durch Druck des Testers nicht (nach Janda, 2000, S. 259).	Rechts: 2 Links: 1
M. rectus femoris	Die Probandin liegt in Rückenlage auf der Behandlungsliege. Das Gesäß befindet sich am Rand der liege. Ein Bein wird angewinkelt so weit wie möglich zum Körper gezogen. Das Gegenbein wird im maximal möglichen Streckungswinkel der Hüfte durch den Tester fixiert und anschließend in einen maximal möglichen Knieflexionswinkel geführt. Als Messbereich gilt der Kniebeugewinkel (nach Janda, 2000, S. 258).	Stufe 0: Keine Beweglichkeitsdefizite; Unterschenkel hängt senkrecht herab; durch leichten Druck des Testers ist es möglich, die Kniebeugung zu vergrößern. Stufe 1: Leichte Beweglichkeitsdefizite; Unterschenkel ist leicht nach vorne gestreckt; durch leichten Druck des Testers ist es möglich, einen 90° Kniebeugewinkel zu erreichen.	Rechts: 1 Links: 0

Testübung	Testdurchführung (nach Janda, 2000)	Testauswertung (nach Janda, 2000)	Testergebnis
		Stufe 2: Deutliche Beweglichkeitsdefizite; Unterschenkel ist deutlich nach vorne gestreckt; auch durch Druck des Testers wird 90° Kniebeugewinkel nicht erreicht (nach Janda, 2000, S. 259).	
Mm. ischiocrurales	Die Probandin liegt in Rückenlage auf der Behandlungsliege. Das nicht getestete Bein ist im Hüft- und Kniegelenk gebeugt. Der Tester führt das zu testende Bein in die maximal mögliche Hüftflexion, wobei das Kniegelenk gestreckt bleibt. Als Messbereich gilt der Hüftbeugewinkel (nach Janda, 2000, S. 261).	Stufe 0: Keine Beweglichkeitsdefizite; die Flexion im Hüftgelenk ist im Ausmaß von 90° möglich. Stufe 1: leichte Beweglichkeitsdefizite; die Flexion im Hüftgelenk ist bis zwischen 80-90° möglich. Stufe 2: Deutliche Beweglichkeitsdefizite; die Flexion im Hüftgelenk ist nur unter 80° möglich (nach Janda, 2000, S. 262).	Rechts: 2 Links: 1
Mm. triceps surae	Die Probandin liegt in Rückenlage auf der Behandlungsliege. Das nicht zu testende Bein steht gebeugt mit dem Fuß auf der Unterlage. Das zu testende Bein ist gestreckt. Die distale Hälfte des Unterschenkels ragt über das Ende der Liege hinaus. Der Tester greift das Bein mit einer Hand distal am Fersenbein und greift mit der anderen Hand den Fuß von der Fußaußenkante her. Der Tester übt einen Hauptzug an der Ferse aus und zieht distalwärts. Der Daumen der anderen Hand lenkt den Vorfuß mit leichtem achsengerechten Druck zum Schienbein hin (nach Janda, 2000, S. 255)	Stufe 0: Keine Beweglichkeitsdefizite; eine Dorsalextension ist mindestens bis zur 0°-Stellung möglich (90° zwischen Fuß und Unterschenkel) Stufe 1: Leichte Beweglichkeitsdefizite; die 0°-Stellung wird nicht erreicht; eine Dorsalextension ist aber möglich. Stufe 2: Deutliche Beweglichkeitsdefizite; eine Dorsalextension ist nur bis 10° unterhalb der 0°-Stellung möglich (nach Janda, 2000, S. 255).	Rechts: 2 Links: 0

2.2 Beurteilung der Testergebnisse

M. pectoralis major

Die linke Seite der Brustmuskulatur ist mit Stufe 0 voll beweglich, wohingegen die rechte Seite mit Stufe 1 ein leichtes Beweglichkeitsdefizit aufweist. Die Kundin gibt in diesem Zusammenhang an, im Berufsalltag nicht gezielt auf ihre Haltung zu achten und vor allem bei der Arbeit mit dem Computer eine ungünstige Haltung einzunehmen, wodurch sich dieses Ergebnis erklären lassen könnte.

M. iliopsoas

Auch beim M. iliopsoas zeigt sich ein beidseitiges Beweglichkeitsdefizit. Ist dieses auf der linken Seite mit Stufe 1 noch als leicht zu beurteilen, liegt auf der rechten Seite mit Stufe 2 bereits eine deutliche Bewegungseinschränkung vor. Dies ist besonders relevant, da eine schlecht ausgeprägte Hüftbeweglichkeit an der Entwicklung von Schmerzen im unteren Rückenbereich beteiligt sein kann (American College of Sports Medicine 2014, S. 106).

M. rectus femoris

Auffällig beim M. rectus femoris ist der Seitenunterschied zwischen links und rechts. Während links kein Beweglichkeitsdefizit vorhanden ist, weist die rechte Seite eine leichte Bewegungseinschränkung vor.

Mm. ischiocrurales

Bei der ischiocruralen Muskulatur liegt links ein leichtes (Stufe 1), rechts ein deutliches (Stufe 2) Beweglichkeitsdefizit vor. Die Kundin gibt an, seit der Verletzung im Sprunggelenk beim Abrollen des rechten Fußes ein „unrundes" Gefühl zu haben und generell im linken Fuß weniger beweglich zu sein, wodurch sich dieses Ergebnis erklären lassen könnte. Hier besteht deutlicher Verbesserungsbedarf.

Mm. triceps surae

Hier setzt sich der Trend bezüglich der Beweglichkeit der unteren Extremitäten fort. Während die linke Seite mit Stufe 0 voll beweglich ist, zeigt die rechte Seite mit Stufe 2 ein deutliches Defizit in der Beweglichkeit. Die Ergebnisse decken sich mit Aussage der Kundin, die sich im linken Fuß deutlich beweglicher fühlt, als auf der rechten Seite.

3 Trainingsplanung Beweglichkeitstraining

3.1 Darstellung der Übungen und der Belastungsparameter

Tab. 4: Trainingsplanung Beweglichkeitstraining (eigene Darstellung)

Zielmuskulatur	Beschreibung der Durchführung	Dehnmethode
1. M. trapezius	Sitzend auf einem Stuhl. Die Beine leicht gespreizt, die Füße stehen schulterbreit fest auf dem Boden. Die Wirbelsäule strecken, indem der Scheitel des Kopfes nach oben geschoben wird. Beide Schultern zu Boden senken, Kinn einziehen und Kopf zur linken Seite Richtung Schulter ziehen, ohne zu drehen. Der rechte Arm streckt Richtung Boden, bis ein leichtes Ziehen im rechten Nackenbereich spürbar wird. Position halten.	Passiv-statisch
2. M. pectoralis major	In Schrittstellung parallel zu einer Wand stellen. Unterarm senkrecht gegen die Wand legen. Das gebeugte Ellenbogengelenk befindet sich etwas über Schulterhöhe. Kopf und Oberkörper dosiert zur Gegenseite drehen. Brustmuskulatur aktiv 10 Sekunden anspannen, 2 Sekunden entspannen, anschließend 30 Sekunden dehnen. Mehrmals wiederholen.	Postisometrisch
3. Mm. rhomboidei, M. trapezius pars transversa, M. deltoideus pars spinalis	Hüftbreit mit leicht gebeugten Beinen stehen. Arme nach vorne ausstrecken und Finger miteinander verschließen. Die Handaußenflächen zeigen dabei nach vorne. Arme nach vorne schieben, gleichzeitig Brustmuskulatur anspannen. Position Halten.	Aktiv-statisch
4. M. deltoideus pars spinalis	Rechten Arm bis in die Waagerechte heben und rechte Hand auf die linke Schulter legen. Den rechten Ellenbogen mit der linken Hand umfassen und Richtung linker Schulter drücken. Rechte Schulter gleichzeitig nach außen schieben. Position Halten.	Passiv-statisch
5. Mm. erector spinae	Auf dem Boden sitzend, die Beine so weit es geht auseinanderspreizen. Die Beine sind komplett ausgestreckt. Hände zwischen die gestreckten Beine auf dem Boden ablegen. Hände langsam nach vorne führen, Oberkörper folgen lassen. Den Kopf dem Boden nähern, bis ein leichtes Dehnen spürbar wird, kurz halten und wieder in die Ausgansposition zurückkehren. Mehrmals wiederholen.	Passiv-dynamisch

Zielmuskulatur	Beschreibung der Durchführung	Dehnmethode
6. M. iliopsoas	Ausfallschritt, ein Fuß auf einer kniehohen Erhöhung. Anderer Fuß annähernd gestreckt. Die Hüfte nach vorne schieben, kurz halten, wieder etwas locker lassen. Mehrmals wiederholen.	Passiv-dynamisch
7. Mm. ischiocrurales	Gerader Stand. Oberkörper so weit wie möglich über das Hüftgelenk nach vorne neigen. Die Beine bleiben gestreckt, der Rücken gerade. Hände aktiv Richtung Boden schieben, gleichzeitig Oberschenkelmuskulatur aktiv anspannen. Kurz halten, danach wieder locker lassen. Mehrmals wiederholen.	Aktiv-dynamisch
8. Mm. ischiocrurales	Rechte Ferse auf einer kniehohen Erhöhung. Zehenspitzen zeigen gerade nach oben. Linkes Bein ist leicht gebeugt, der Rücken gerade. Oberkörper nach vorne neigen, Rücken dabei gerade lassen. Position halten.	Passiv-statisch
9. M. quadrizeps femoris	Weiche Unterlage. Ausfallschritt. Das hintere Knie am Boden. Um Gleichgewicht zu halten, Hand auf ein hüfthohes Objekt neben dem Körper legen. Hinteres Knie beugen, Sprunggelenk des gebeugten Beines mit der freien Hand umfassen. Sanft Richtung Körper ziehen. Position halten.	Passiv-statisch
10. M. gastrocnemius, M. soleus	Ausfallschritt nach vorne, beide Füße sind gerade nach vorne ausgerichtet. Rücken aufrichten, Schambein zum Bauchnabel ziehen. Vorderes Bein leicht abwinkeln, das Knie nach vorne schieben. Der Oberkörper nimmt leichte Vorlage ein. Das hintere Knie wird leicht gebeugt, die Ferse des hinteren Beins wird gegen den Boden gedrückt. Position halten.	Passiv-statisch

Tab. 5: Belastungsgefüge bei statischer Dehnung (eigene Darstellung)

Trainingshäufigkeit/Woche	Sätze/Übung	Dehndauer	Intensität
3	4	30s	submaximal

Tab. 6.: Belastungsgefüge bei dynamischer Dehnung (eigene Darstellung)

Trainingshäufigkeit/Woche	Sätze/Übung	Wiederholungszahl	Intensität
3	4	15	submaximal

Tab. 7: Belastungsgefüge bei postisometrischer Dehnung (eigene Darstellung)

Trainingshäufig-keit/Woche	Sätze/Übung	Anspannungs-dauer	Entspannungs-dauer	Dehn-dauer	Intensität
3	4	10 Sekunden	2 Sekunden	30 Sekunden	submaximal

3.2 Begründung der Übungen und der Belastungsparameter

Allgemeine Anmerkungen:

Alle Übungen werden im Wechsel links/rechts ausgeführt.

Submaximale Intensität meint in Anlehnung an Marschall (1999) ein Dehnen an der Dehnschwelle, die definiert wird als ein „deutlich spürbares Dehngefühl in der gedehnten Muskulatur" (S. 7).

Um statisch zu dehnen wird die gewünschte Zielposition eingenommen und für einen vorgegebenen Zeitraum gehalten.

Bei dynamischer Dehnung wird die Zielposition wechselhaft eingenommen und wieder verlassen. Hierbei muss auf eine langsame, kontrollierte Ausführung geachtet werden.

Zur Durchführung einer postisometrischen Dehnung wird der zu dehnende Muskel zunächst aktiv isometrisch angespannt, kurz entspannt und anschließend statisch gedehnt.

Begründung der Übungsauswahl

Die Übungen wurden so ausgewählt, dass alle relevanten Zielbereiche der Kundin Beachtung finden. Die Übungen 1 bis 5 sollen der unphysiologischen Haltung im Berufsalltag entgegenwirken. Durch eine Reduktion der Dehnungsspannung, insbesondere der Hals- und Rückenmuskulatur, sollen die Verspannungen der Hals- und Lendenwirbelsäule im Alltag positiv beeinflusst werden. Der erwünschte Reduktionseffekt nach einem Dehntraining auf die submaximale Dehnungsspannung hält jedoch nur kurzfristig an und ist bereits nach 60 Minuten völlig abgeklungen (Klee, 2004, S. 94).

Aus diesem Grund wird der Kundin empfohlen, die Übungen 1 bis 5 zusätzlich in ihren Berufsalltag zu integrieren und möglichst oft in kleineren Pausen durchzuführen.

Die Übungen 6 bis 10 wurden einerseits aufgrund des Wunsches der Kundin nach einer Verbesserung der Beweglichkeit der unteren Extremitäten, andererseits in Bezug auf die Testergebnisse aus Aufgabe 2 ausgewählt. Hier haben sich teilweise deutliche Beweglichkeitsdefizite gezeigt, die durch ein Beweglichkeitstraining im Sinne eines Dehnungstrainings behoben werden sollen. Dass ein regelmäßiges Dehnungstraining die Beweglichkeit verbessern kann, haben unter Anderem Chagas & Schmidtbleicher (2004) festgestellt (S. 30).

Begründung der Trainingshäufigkeit pro Woche
Bezüglich dieses Punktes gibt es in der Literatur kaum einheitliche Angaben. Ramneesh, Sheetal & Joginder (2014) legten für ihre Untersuchung eine Trainingshäufigkeit von 5-mal pro Woche fest.
Das American College of Sports Medicine (ACSM, 2011) empfiehlt generell 2 bis 3 Trainingseinheiten pro Woche, merkt jedoch an, dass ein tägliches Üben am effizientesten sei (S. 188). Unter Berücksichtigung motivationspsychologischer Aspekte wurde deshalb die Trainingshäufigkeit auf 3-mal pro Woche festgelegt.

Begründung der Sätze pro Übung
Nach etwa 4 bis 5 Wiederholungen kommt es nur noch zu geringen Verbesserungen der Beweglichkeit, „sodass man diese Wiederholungszahl als ausreichend für ein allgemeines Training erachten kann", Wydra (2006, S. 271).
Dies deckt sich mit den Vorgaben der National Strength and Conditioning Association (NSCA), die 3 bis 5 Wiederholungen für ein Dehnprogramm empfiehlt (Williams, 2011, S. 12).

Begründung der Dehndauer
Die Dehndauer wurde unter Bezugnahme der Empfehlungen des ACSM (2006, S. 188) sowie der NSCA (Williams, 2011, S. 12) auf 30 Sekunden festgelegt.

Begründung der Intensität
Als Intensitätsstufe wurde submaximales Dehnen gewählt. Sowohl das ACSM (2006, S. 188) wie auch die NSCA (Williams, 2011, S. 12) empfehlen das Dehnen an der Dehnschwelle.
Diese Intensitätsstufe wird auch in empirischen Untersuchungen angewendet, wie beispielsweise bei Höss-Jelten (2004, S. 76).

Begründung der Dehnmethode

In einer Untersuchung zur optimalen Dehnmethode für Kampfsportler konnte Gärtner (2013) durch alle Dehnmethoden signifikante Verbesserungen der Beweglichkeit erzielen (S. 22) und empfiehlt daher verschiedene Methoden in ein Dehnprogramm zu integrieren (S. 23). Auch Wydra (2006) „möchte für Methodenpluralismus bei der Muskeldehnung plädieren" (S. 11).
Entsprechend wurden alle gängigen Dehnmethoden in diese Arbeit integriert.

Besonderheiten bei dynamischer- und postisometrischer Dehnung
Bei dynamischer Dehnung wurden 2 Sekunden pro Wiederholung festgelegt, sodass 15 Wiederholungen einer Dehndauer von 30 Sekunden entsprechen.
Die Vorgaben zur postisometrischen Dehnung wurden aufgrund der Empfehlungen der NSCA (Williams, 2011, S. 12) festgelegt.

4 Trainingsplanung Koordinationstraining

4.1 Darstellung der Übungen und der Belastungsparameter

Tab. 8: Trainingsplanung Koordinationstraining (eigene Darstellung)

Name der Übung	Durchführung
1. Modellierung des kurzen Fußes nach Janda (Häfelinger & Schuba, 2007)	Barfuß im stabilen Stand, beide Füße sind gleichmäßig belastet. Ferse-, äußerer Fußrand und Vorfuß gleichmäßig belasten, Zehen leicht spreizen und Fußgewölbe hochziehen. Zehen nicht krallen (S. 64)
2. Beidbeiniger Stand	Füße etwa hüftbreit auseinander, die Fußspitzen zeigen leicht nach außen. Fußsohlen gleichmäßig auf Ferse, Großzehenballen und Kleinzehenballen belasten. Wirbelsäule aufgerichtet, die Knie leicht gebeugt. Körperschwerpunkt ruht in der Mitte zwischen beiden Füßen. Aufmerksamkeit auf das Sprunggelenk lenken und so stabil wie möglich stehen.
3. Beidbeiniger Stand mit geschlossenen Augen	Wie Punkt 2, zusätzlich sind die Augen geschlossen. Auf Stabilität im Sprunggelenk achten.

Name der Übung	Durchführung
4. Beidbeiniger Stand mit geschlossenen Augen und Verlagerung des Schwerpunktes	Wie Punkt 3, zusätzlich wird nun der Körperschwerpunkt sanft in verschiedene Richtungen bewegt. Wie ein Baum, der sich mit dem Wind bewegt.
5. Beidbeiniger Stand auf dem Balancepad	Wie Punkt 2, zusätzlich steht die Probandin auf einem Balancepad.
6. Einbeiniger Stand	Fuß des Standbeins gleichmäßig auf Ferse, Großzehenballen und Kleinzehenballen belasten. Die Wirbelsäule ist aufgerichtet, Hüft- und Kniegelenk sind leicht gebeugt. Körperschwerpunkt finden. Aufmerksamkeit auf das Sprunggelenk des Standbeines lenken und so stabil wie möglich stehen.
7. Einbeiniger Stand mit geschlossenen Augen	Wie Punk 6, zusätzlich sind die Augen geschlossen. Auf Stabilität im Sprunggelenk achten.
8. Einbeiniger Stand mit geschlossenen Augen und Verlagerung des Schwerpunktes	Wie Punkt 7, zusätzlich wird nun der Körperschwerpunkt sanft in verschiedene Richtungen bewegt. Als wäre man ein Baum, der sich mit dem Wind bewegt.
9. Einbeiniger Stand auf dem Balancepad	Wie Punkt 6, zusätzlich steht die Probandin auf einem Balancepad.
10. Einbeiniger Stand auf dem Balancepad mit geschlossenen Augen	Wie Punkt 9, zusätzlich sind die Augen geschlossen.

Tab. 9: Belastungsgefüge des Koordinationstrainings (eigene Darstellung)

Trainingshäufigkeit/Woche	Sätze pro Übung	Belastungsdauer	Satzpausen
3	3	45 Sekunden	30 Sekunden

4.2 Begründung der Übungen und der Belastungsparameter

Anmerkungen

Das Training wird barfuß durchgeführt.

Die jeweiligen Übungen werden bei abnehmender Trainingsqualität aufgrund Ermüdung vorzeitig abgebrochen.

Begründung der Übungsauswahl

Die Modellierung des kurzen Fußes nach Janda (Häfelinger & Schuba, 2007, S. 64) dient als Einstiegsübung. Durch die hieraus resultierende Aktivierung der Streckmuskulatur im Fuß wird eine physiologische Fußhaltung unterstützt. Sie bildet somit die Grundlage für die darauffolgenden Übungen.

Diese wurden methodisch in Anlehnung an das Stufenschema zur Verbesserung der neuromuskulären Kontrolle von Froböse, Nellessen, Malitz & Kornychewa (1998, S. 70) aufgebaut. Der Beidbeinige Stand soll zuerst eine Verbesserung der Tiefenwahrnehmung fördern. Durch den einbeinigen Stand mit offenen und geschlossenen Augen auf stabilem wie instabilem Untergrund wird dann die statische Balance des Körpers gefördert.

Eine Progression der Intensität wird über ansteigende Schwierigkeitsgrade der Übungen gewährleistet (Kramer, Dettmers & Gruber, 2013, S. 29). Als Orientierung dient in dieser Arbeit eine Untersuchung von Bernier & Perrin (1999), deren Übungsaufbau nach dem Grundsatz „von stabiler Unterlage mit geöffneten Augen zu instabiler Unterlage mit geschlossenen Augen" konzipiert wurde (S. 267).

Begründung der Belastungsparameter

Generell gibt es im Kontext des Koordinationstrainings keine einheitlichen Angaben für die unterschiedlichen Belastungsparameter (Kramer et al., 2013, S. 29).

Die Vorgabe für die Trainingshäufigkeit pro Woche ergeben sich daher aus den Empfehlungen des ACSM (2011, S. 189), das 2 bis 3 Trainingseinheiten pro Woche empfiehlt.

Die Angaben zu den Sätzen pro Übung, Belastungsdauer und Satzpausen resultieren aus Empfehlungen von Chwilkowski (2006, S. 61) und Häfelinger & Schuba (2007, S. 61).

5 Literaturrecherche – Effekte des Dehnens auf die Bewegungsreichweite bzw. auf die Dehnungsspannung

Tab. 10: Darstellung Studie 1 (eigene Darstellung)

Name der Studie:	A comparative Study of static Stretch and Proprioceptive Neuromuscular Faciliation Stretch on Pectoral Muscle Flexibility
Durchführende Personen:	Vohra, Ramneesh; Kalra, Sheetal; Yadav, Joginder
Publikationsjahr:	2014
Forschungsfrage:	Vergleich der Effektivität von statischem Dehnen und propriozeptiver, neuromuskulärer Fazilitation auf die Beweglichkeit der Brustmuskulatur (S. 37).
Versuchspersonen:	30 männliche Personen zwischen 18-35 Jahren mit Verspannungen in der Brustmuskulatur und einer Haltung mit auffällig innenrotierter Schulter (S. 38).
Versuchsaufbau:	Die Teilnehmer wurden gleichmäßig randomisiert auf zwei Gruppen verteilt, die sich in der angewandten Dehnmethode unterschieden. Gruppe A absolvierte ein Trainingsprogramm mit statischen Dehnübungen an fünf Tagen der Woche für sechs Wochen. Gruppe B ein Dehnproramm mit propriozeptiver, neuromuskuläre Fazilitation ebenfalls an fünf Tagen der Woche für sechs Wochen. Untersucht wurden die Haltung der Probanden mit dem Baylor Square und die Außenrotation der Schulter mit einem Goniometer. Die Daten wurden für beide Gruppen jeweils separat zu Beginn, nach drei Wochen und nach sechs Wochen erhoben (S. 38-39)
Relevante Ergebnisse:	Beide Gruppen konnten eine hochsignifikante Steigerung der maximalen Bewegungsreichweite erzielen (S. 39); die Verbesserung in Gruppe B fiel dabei signifikant stärker aus (S. 40). Entsprechend scheint PNF Stretching effektiver zu sein um die Beweglichkeit der Brustmuskulatur zu verbessern als statisches Stretching (S. 41)

Tab. 11: Darstellung Studie 2 (eigene Darstellung)

Name der Studie	Acute Effects of Different Stretching Durations on Passive Torque, Mobility and Isometric Muscle Force
Durchführende Personen	Matsuo, Shingo; Suzuki, Shigeyuki; Iwata, Masahiro; Banno, Yasuhiro; Asai, Yuji; Tsuchida, Wakako; Inoue, Takayuki.
Publikationsjahr	2013
Forschungsfrage	Akute Effekte unterschiedlicher Dehnmethoden auf die funktionellen Auswirkungen auf physische Aktivität und Beweglichkeit; Effekte einer längeren Dehnungsdauer auf ausgewählte Skelettmuskelfunktionen im Vergleich zu einer kürzeren Dehnungsdauer (S. 3368)
Versuchspersonen	24 Studenten, davon 17 Männer, 7 Frauen; zwischen 19 und 21 Jahren alt; ohne körperliche Einschränkungen (S. 3368).
Versuchsaufbau	Die Studie wurde nach einem randomisierten Crossover-Design aufgebaut. Die ischiocrurale Muskulatur des rechten Beins wurde an 4 separaten Tagen für jeweils eine bestimmte Dauer gedehnt, wobei sich die Dehndauer jeweils unterschied. Die Dehnung wurde für 20-, 60-, 180- und 300 Sekunden durchgeführt. Die Dehnungsdauer für den jeweiligen Tag wurde für jeden Proband randomisiert festgelegt. Untersucht wurden verschiedene Parameter, darunter die Beweglichkeit der ischiocruralen Muskulatur. Es erfolgte für jeden Tag eine Prä- und eine Postmessung (S. 3368).
relevante Ergebnisse	Die Studie konnte einen Interaktionseffekt zwischen Dehndauer und maximaler Bewegungsreichweite der ischiocruralen Muskulatur feststellen. Es ergab sich eine signifikante Zunahme der maximalen Bewegungsreichweite für alle Dehnungszeiten, wobei diese Zunahme nach 180 Sekunden signifikant größer war als nach 20 Sekunden sowie nach 300 Sekunden signifikant größer als nach 20 und 60 Sekunden (S. 3372 – 3373). Insgesamt war die Zunahme der Bewegungsreichweite nach 300 Sekunden am stärksten (S. 3372). Die Studie belegt eine moderate Korrelation zwischen Dehnungsdauer und prozentualer Verbesserung der Bewegungsreichweite (S. 3373).

6 Literaturverzeichnis

American College of Sports Medicine. (2014). *Guidelines for Exercise Testing and Prescription (9. Auflage)*. Philadelphia: Lippincott Williams & Wilkins.

Bernier, J. N. & Perrin, D. H. (1998). Effect of Coordination Training on Proprioception of the Funtionally Unstable Ankle. *Journal of Orthopaedic & Sports Physical Therapy, 27 (4)*, 264-275.

Chagas, M. H. & Schmidtbleicher, D. (2004). Auswirkungen von Beweglichkeitstraining auf die Bewegungsamplitude, Dehnungsspannung und Dehngrenze nach einer Trainings- und Detrainingsperiode. *Leistungssport, 34 (6)*, 27-32.

Chwilkowski, C. (2006). *Medizinisches Koordinationstraining - Verbesserung der Haltungs- und Bewegungskoordination durch Propriozeption* (2. Aufl.). Köln: Deutscher Trainer Verlag.

Froböse, I., Nellessen, G., Malitz H. & Kornychewa, D. (1998). *Training in der Therapie. Grundlagen und Praxis* (Rehabilitation). Wiesbaden: Ullstein Medical.

Gärtner, D. (2013). Zur langfristigen Entwicklung der Beweglichkeit im Kampfsport: Die optimale Dehnmethode für den leistungsorientierten Kampfsportler. *World of Kickboxing (63)*, 21-24.

Häfelinger, U. & Schuba, V. (2007). *Koordinationstherapie - propriozeptives Training (Wo Sport Spaß macht, 3., überarb. Aufl.)*. Aachen: Meyer & Meyer.

Höss-Jelten, C. (2004). *Untersuchungen zu den unmittelbaren Wirkungen verschiedener Dehnmethoden auf ausgewählte Kraftparameter*. Dissertation, Technische Universität München, München.

Janda, V. (2000). *Manuelle Muskelfunktionsdiagnostik* (4. Aufl.). München: Urban & Fischer.

Klee, A. & Wiemann, K. (2004). Biologische Grundlagen zur Wirkung der Muskeldehnung. In K. Cachey, A. Halle, & H. Teubert (Hrsg.), *Sport ist Spitze. 18. Internationaler Workshop am 16. und 17. Juni 2003 in Oberhausen*. (S. 88-102). Aachen: Meyer & Meyer.

Kramer, A., Dettmers, C. & Gruber, M. (2013). Gleichgewichtstraining in der neurologischen Rehabilitation. *Neurologie & Rehabilitation*, 19 (1), 27.34.

Marschall, F. (1999). Wie beeinflussen unterschiedliche Dehnintensitäten kurzfristig die Veränderung der Bewegungsreichweite? *Deutsche Zeitschrift für Sportmedizin*, 50 (1), 5-9.

Matsuo, S., Suzuki, S., Iwata, M., Banno, Y., Asai, Y., Tsuchida, W. & Inoue, T. (2013). Acute Effects of Different Stretching Durations on Passive Torque, Mobility and Isometric Muscle Force. *Journal of Strength and Conditoning Research*, 27 (12), 3367-3376.

Vohra, R., Kalra, S. & Yadav, J. (2014). A Comparative Study of Static Stretch and Proprioceptive Neuromuscular Faciliation (PNF) Stretch on Pectoral Muscle Flexibility. *Indian Journal of Physiotherapy & Occupational Therapy*, 8 (4), 37-42.

Williams, C. (2011). Flexibility Training: Incorporating All Components of Fitness. *NSCA's Performance Training Journal*, 10 (1), 11-14.

Wydra, G. (2006). Dehnfähigkeit. In K. Bös & W. Brehm (Hrsg.), *Handbuch Gesundheitssport* (S. 265-274). Schorndorf: Hofmann.

7 Tabellenverzeichnis

Tab. 1: Darstellung der Personendaten (eigene Darstellung) 3
Tab. 2: allgemeiner Gesundheitszustand (eigene Darstellung) 3
Tab. 3: Beweglichkeitstestung nach Janda (2000, eigene Darstellung) 4
Tab. 4: Trainingsplanung Beweglichkeitstraining (eigene Darstellung) 8
Tab. 5: Belastungsgefüge bei statischer Dehnung (eigene Darstellung) 9
Tab. 6.: Belastungsgefüge bei dynamischer Dehnung (eigene Darstellung) 9
Tab. 7: Belastungsgefüge bei postisometrischer Dehnung (eigene Darstellung) 10
Tab. 8: Trainingsplanung Koordinationstraining (eigene Darstellung) 12
Tab. 9: Belastungsgefüge des Koordinationstrainings (eigene Darstellung) 13
Tab. 10: Darstellung Studie 1 (eigene Darstellung) 15
Tab. 11: Darstellung Studie 2 (eigene Darstellung) 16

BEI GRIN MACHT SICH IHR WISSEN BEZAHLT

- Wir veröffentlichen Ihre Hausarbeit, Bachelor- und Masterarbeit

- Ihr eigenes eBook und Buch - weltweit in allen wichtigen Shops

- Verdienen Sie an jedem Verkauf

Jetzt bei www.GRIN.com hochladen und kostenlos publizieren